ARABES CAMPÉS.

L'AVENIR DE L'ALGÉRIE

I

Le passé de l'Algérie, avant la conquête française, est connu. Nous n'avons pas à le rappeler ici, puisqu'il s'est trouvé exposé longuement dans de nombreux ouvrages généraux ou spéciaux, mais il importe de ne pas le perdre de vue, toutes les fois que l'on envisage la politique à suivre pour rendre cette terre africaine vraiment prospère sous la tutelle de la France, en attendant qu'il soit possible d'y établir le *self-government*. Il y a, en effet, dans toute colonie comme dans tout sol, un tuf qui ne disparaît pas, quelle que soit la couche qui lui est superposée. Au sens ethnographique, ce tuf est représenté par la race indigène dont les éléments biologiques et sociaux se modifient au cours des événements, des influences et des temps, mais ne perdent jamais complètement leurs caractères originels. Les traditions et l'atavisme conservent, en dépit de l'œuvre des siècles, leurs droits indéfectibles autant qu'indélébiles. C'est une loi constante et dont témoigne toute l'histoire du monde. Elle s'affirme surtout dans ces générations sémitiques, qui ont le plus échappé aux mélanges de sang, comme les Arabes et les Juifs. Le vieux fond n'est pas entamé et aucune culture ne saurait parvenir à le supprimer. Or, les progrès de notre administration algérienne se sont, depuis soixante-dix ans, accomplis presque sans exception d'après un programme qui n'a jamais été basé sur la nécessité de respecter cette loi ethnologique. Il en est résulté que notre prise de possession de l'Algérie, quoiqu'elle date déjà de si loin, n'a pas encore abouti à une suprématie incontestée par tous ceux sur qui elle s'exerce. Notre conquête matérielle repose sur notre occupation militaire, mais nous n'avons pas fait complètement la conquête morale de ces populations avec lesquelles nous sommes depuis plus d'un demi siècle en contact. Cette faute, que l'on n'a pas comprise ou pas voulu comprendre, sous les divers gouvernements qui se sont succédé en France depuis 1830, a eu les plus graves conséquences, et celles-ci se sont multipliées d'époque en époque, de ministère en ministère, jusqu'à nos jours. On s'est refusé à voir les Arabes tels qu'ils sont, ne formant pas un peuple, mais fragmentés en tribus, et n'ayant qu'un seul lien entre eux : la religion. On a prétendu les plier à nos usages, à nos conceptions, à nos institutions, voire à nos croyances, et l'on ne s'est pas aperçu que l'on ne travaillait qu'à augmenter parmi eux la désaffection. L'Arabe est resté réfractaire, dit-on, et l'on s'en étonne. Cependant sa conduite est logique. Pourquoi se donnerait-il cœur et âme à un régime qui va ouvertement et parfois brutalement à l'encontre de toutes les idées résumant pour lui la patrie ? Vaincu, puis maintenu sous le joug administratif, qui fut d'abord exclusivement partial, par la législation et l'autorité, il a courbé la tête devant la fatalité, qu'il considère comme un dogme, mais il n'a fait en définitive que se résigner, sans qu'il y ait eu fusion entre les conquérants et ceux qui sont conquis. Toutes les enquêtes algériennes le démontrent.

La France, en commençant par donner à l'Algérie une organisation fondamentalement française, a cru de très bonne foi agir non seulement dans son propre intérêt, mais aussi dans celui de la colonie. Il pouvait sembler rationnel qu'une civilisation occidentale s'imposant à l'évolution orientale, on s'efforçât de déraciner celle-ci en quelque sorte, pour préparer le terrain à un ameublissement meilleur. Les vainqueurs annonçaient qu'ils arrivaient les mains pleines de bienfaits. Qui pouvait les blâmer de vouloir tenter cet essai loyal de régénération d'un peuple doué de grandes qualités propres à être appliquées à un idéal de justice plus élevé que la demi-barbarie où il avait vécu jusqu'alors ? Le bien que l'on veut faire ne vaut, toutefois, que par les moyens qu'on y emploie. On ne saurait nier aujourd'hui que les mesures prises en vue du but indiqué ne furent que violentes et oppressives. Oubliant qu'il s'agissait d'émanciper peu à peu des mineurs, pour les mener par la douceur vers nous, en gagnant leur amitié, on a tout subordonné à un code absolu dans lequel il n'était plus question ni de la personne de l'indigène, ni de ses titres à la propriété, ni de ses coutumes, ni de ses souvenirs et encore moins de ses espérances. S'il n'est pas arrivé qu'en voulant pacifier on ait créé la solitude, suivant l'expression de Tacite, il est hors de doute que le système mis en œuvre n'a produit qu'échecs, désillusions et sacrifices stériles.

Il fallait naguère encore du courage pour combattre ce système dans notre Parlement. On en eut la preuve quand, en 1891, la discussion du budget appela à la tribune de la Chambre Auguste Burdeau et à celle du Sénat Jules Ferry (1). Le premier de ces deux législateurs s'était rendu en Algérie pour établir, sur des renseignements recueillis sur place, le rapport dont il avait été chargé par la commission. Les dix mois qu'il consacra patiemment à cette étude, les données qu'il rassembla, les statistiques qu'il fit dresser lui ouvrirent les yeux. Contrairement à l'opinion alors encore très appuyée par différents groupes, il ne protesta pas contre notre expansion coloniale, et il s'en fit même le défenseur. Seulement il

(1) Voir : *Rapport sur l'Algérie*. Librairie HACHETTE ET Cie.

répudiait les diverses méthodes de colonisation jusqu'alors pratiquées: l'extermination des vaincus, l'exploitation du sol au profit de la métropole, l'assimilation par le mariage et la religion. Il s'élevait contre la théorie de ceux qui allaient jusqu'à préconiser l'abandon de cette colonie que Prévost-Paradol appelait « la chance suprême de la France », et il soutenait que le « jour n'est pas lointain où l'Algérie pourra peser de notre côté dans l'arrangement des affaires humaines et contribuer à maintenir un certain équilibre entre notre puissance et celle des autres grandes nations de la terre » ; mais il reconnaissait que la tâche de la France envers les indigènes n'avait pas été remplie. « Devant de pareils problèmes, disait-il avec fermeté, il faut s'armer de la plus sévère conscience pour les examiner. » Et il ajoutait, en s'adressant à la Chambre : « Vous vous plaignez que j'aie mis en lumière avec sévérité les vices, les défauts, les erreurs de notre administration et de toute notre organisation coloniale en Algérie. Mais n'est-il pas nécessaire que nous fassions l'examen de conscience le plus rigoureux, le plus impitoyable (1). »

II

Parmi ces erreurs, il y en avait — et Burdeau ne faisait que les rappeler — d'ordre économique et d'ordre politique. Les premières concernaient les concessions de terres par l'État, les secondes les naturalisations en masse, par décret, et sans discernement. La seconde République, en votant la loi du 19 mai 1849, qui ouvrait des crédits importants au profit des ouvriers, paysans ou laboureurs disposés à aller coloniser en Algérie ; le second Empire, en suivant les mêmes errements par la loi du 12 juillet 1865; la troisième République, en dirigeant les optants Alsaciens et Lorrains vers nos possessions algériennes dans le même dessein, ne firent que donner gain de cause à l'ingérence de l'État dans la colonisation. Or, cette ingérence ne pouvait être que funeste. Autoriser l'État à donner la terre, c'est, sous une forme moderne, rétablir les francs-alleux, qui, exempts de charges à acquitter, ne peuvent devenir que des propriétés féodales héréditaires en vertu d'un premier privilège dû le plus souvent à la protection. Admettre que l'État aille encore plus loin en fournissant les instruments de labour payés sur le budget alimenté par les contribuables de la France, c'est affranchir l'initiative privée de tout devoir et lui déconseiller tout effort. Les concessions gratuites, sans obligation pour ceux qui les reçoivent, ne peuvent, d'autre part, qu'inviter à la colonisation les incapables, comptant sur l'État pour s'enrichir ou pour réparer des pertes. Il y avait autre chose à faire : c'était, à l'inverse des lois énumérées plus haut, le libre accès de tous à la terre algérienne par la concurrence sans barrières : qui veut un champ l'achète, qui le peut y prospère, qui se ruine fasse place à d'autres. Comme l'a très bien démontré un économiste distingué, le *struggle for life* est le seul mode équitable, le seul qui stimule le travail et l'épargne. Et toute législation qui s'en écartera n'enfantera que ruines et misères en Algérie (2).

(1) Voir Charles Simond : *Histoire d'un enfant du peuple* (Auguste Burdeau), Paris, Albert Picard et Kaan.
(2) Voir Charles Benoist : *Enquête algérienne.*

Le gouvernement de la Défense nationale, en donnant, sur la proposition de Crémieux, en 1870, la qualité de Français à tous les Juifs algériens en bloc, a irrité les chefs Arabes qui se sont vivement indignés de cette faveur accordée à une race qu'ils méprisent. C'était, aux yeux de ces chefs arabes, inaugurer une politique de favoritisme confessionnel alors qu'on avait rabaissé le clergé des mosquées, persécuté les Khouans en les poussant à la révolte et refusé la naturalisation aux indigènes, qui eussent vu dans cette résolution accueillante une tendance au rapprochement. Le décret Crémieux eut pour réponse immédiate le formidable soulèvement de la Medjana, sous l'instigation du bash-agha El Mokrani. Ce dernier, pensionné par la France, comblé d'honneurs par le gouvernement impérial, crut pouvoir profiter de la guerre où nous étions engagés avec la Prusse pour investir les forts de la Kabylie, incendier les fermes, répandre la terreur. Grâce au colonel Fourchault et aux généraux Saussier et de Lacroix, l'insurrection fut étouffée, mais peu s'en fallut qu'elle ne menaçât Alger, après avoir dévasté la Mitidja. El-Mokrani périt dans un des combats, et son armée, composée de trois mille hommes, fut écrasée. Mais le feu couva sous la cendre, et, en 1880, on le vit éclater de nouveau quand Bou-Amena prêcha la guerre sainte.

Ainsi, les ferments de révolte subsistent. Que doit-on entreprendre pour les détruire? Le problème n'est pas aisé à résoudre. Des éléments de discorde tout récents se sont joints aux causes de mécontentement antérieures. La situation plus large faite au gouverneur général suffira-t-elle pour conjurer les orages? Patriotiquement, on doit l'espérer, mais, pratiquement, nul ne peut prédire le bien qu'y trouvera l'avenir.

Il y a des écrivains autorisés qui estiment que l'Algérie, dont on a voulu faire jusqu'ici un prolongement de la France par les décrets de rattachement, n'aura de salut que dans la décentralisation, première étape vers l'autonomie. C'est cette politique qui prévaut actuellement. Si elle est poussée jusqu'au bout, et si elle va jusqu'au *home rule* algérien, on donnera satisfaction assurément à l'élément indigène, mais celui-ci n'abusera-t-il point de la liberté? Et n'est-il pas probable qu'il rêvera l'indépendance la plus illimitée, en cédant à des suggestions allemande ou anglaise, qu'il prendra pour sincères, dans sa naïveté?

La formule : l'Algérie aux Algériens! est trop absolue; elle prête à l'équivoque, à la rébellion, chez une race qui n'est que soumise et non ralliée, surtout pas fusionnée avec nous. Qu'on lui octroie assez d'initiative pour faire mouvoir les ressorts dont elle peut disposer, afin de hâter son amélioration économique par le développement de ses routes, l'établissement des voies ferrées, les barrages d'irrigation, l'expansion des services des postes et télégraphes, les garantie, de la sécurité publique, l'abolition des vexations et des exploitations de tout ordre, la réaction contre l'usure, l'unification des rôles d'imposition, surtout la formation du réseau scolaire et, par suite, la formation de l'armée pacifique de l'intelligence et de l'éducation; qu on seconde partout et de toutes les manières les bonnes volontés, les bonnes idées, les sentiments de justice, l'amour du travail auquel l'Arabe est rebelle, ce sera un programme assez vaste, mais, même si on le remplit avec fruit, l'œuvre ne s'achèvera pas avant un demi-siècle.

Charles Simond.

MOSQUÉE NEUVE A ALGER.

ALGER (1)

I

« Cette ville est située sur le penchant d'une roide colline et s'étend du sommet d'icelle jusqu'au rivage de la mer, représentant la face d'un théâtre, estant les maisons élevées par degrés, l'une plus haute que l'autre, de sorte que toutes, sans que les premières nuisent aux dernières, jouissent également de l'aspect de la mer. Les maisons sont couvertes en terrasses et enduites de chaux, dedans et dehors, tellement que, de fort loin, la ville se voit comme une tache blanche dans la montagne. »

Telle est la description qu'en 1628, un voyageur, M. de Brèves, faisait d'Alger. Le premier aspect n'a pas varié. Le ciel très bleu, sur lequel tranche fortement la blancheur crue des maisons, la ville en amphithéâtre, que couronne la muraille assombrie de la Kasbah, font toujours un tableau incomparable. Mais, quand on débarque, l'impression change : où l'on s'attendait à trouver une cité arabe, on ne rencontre qu'une ville européenne.

Un quai très long court d'un bout du port à l'autre, du fort Bab-Azzoun à la jetée Kheir-ed-Din, et ses hautes arcades en plein

(1) Extrait de l'ouvrage intitulé *Algérie et Tunisie*, par Alfred Baraudon. (Librairie Plon).

cintre, qui supportent le boulevard de la République, recèlent dans leurs profondeurs des docks, des boutiques, tout l'encombrement des villes maritimes. Au-dessus, en une régularité désespérante, s'alignent des maisons à quatre étages, gros dés de maçonnerie posés côte à côte. L'ensemble est très magnifique: mais, n'était le ciel incomparable de l'Orient, la végétation exotique et les burnous blancs des Arabes qui flottent parfois sur les balustrades, on pourrait se croire dans n'importe quel port de France ou d'Angleterre, les deux pays d'Europe qui ont peut-être aujourd'hui le moins de cachet artistique, l'un parce qu'il l'a perdu, l'autre parce qu'il n'en a jamais eu.

L'intérieur de la ville est à l'avenant. Nous avons détruit les trois quarts de l'ancien Alger pour édifier à la place une ville moderne assez incommode et toute en longueur, resserrée qu'elle est entre la mer et les pentes de la colline : une façade imposante sans profondeur. Une grande artère, parallèle au port, la traverse sous les noms de rues Bab-el-Oued, Bab-Azzoun et de Constantine. C'était autrefois, et c'est encore aujourd'hui, la grande voie commerciale d'Alger, qui met en communication ses deux points extrêmes. Nous avons respecté son emplacement, mais nous en avons fait une rue de Rivoli avec arcades, magasins, etc... La rue de la Lyre la double un peu plus haut, et forme, avec l'extrémité de la rue Bab-el-Oued et le boulevard du Centaure, tranchée abrupte dans le roc vif, trois côtés du pentagone dans lequel la vie arabe, traquée sans merci, a dû se retirer. Les boulevards Vallée et de la Victoire marquent les autres côtés, et de là, des rampes, sur lesquelles les maisons tiennent par miracle, descendent vers le port en d'interminables lacets.

Le centre de cet Alger officiel et civilisé, qui s'est niché dans la ville des pachas comme un champignon dans l'écorce d'un arbre mort, est la place du Gouvernement ombragée de beaux platanes, ainsi que la petite place Mahon qui se trouve à côté. C'est une promenade fort agréable, où la musique joue le soir; malheureusement, pour l'agrandir, on a démoli la mosquée de la Dame (Djama-Essida) qui avait une si jolie coupole, la Djenina ou ancien palais des Beys, et le Badistan ou marché aux esclaves. Rien n'y rappellerait l'Orient, s'il n'y avait sur la gauche le mur blanc festonné de merlons de la mosquée de la Pêcherie, et la mer d'un bleu intense s'étendant par derrière.

Il y a encore la place Malakoff, la place de Chartres dont le marché est si animé le matin, et, plus loin, la place Bresson qu'ombragent des palmiers magnifiques, mais au fond de laquelle on a édifié un théâtre qui ressemble tout à fait à une gare de chemin de fer. Au delà, enfin, dans la direction de Mustapha, un quartier exclusivement contemporain, des rues se coupant à angle droit, des terrains vagues où l'on construit, la poste inachevée, les tribunaux, des banques, des locaux à louer, des abattoirs, des casernes, toutes les excroissances incolores et banales d'une ville grandie trop vite.

Quant à la population, elle est cosmopolite. Il y a de tout dans Alger : des Français qui occupent les postes officiels et se partagent le haut commerce avec les Anglais et les Italiens; des Espagnols, des Siciliens, quelquefois mariés à des Mauresques et qui se font cochers ou domestiques. Les Levantins, les Turcs y viennent aussi, à l'affût des industries douteuses et lucratives. De Bab-el-Oued à Bab-Azzoun, sur la place du Gouvernement, sur le boulevard, à la terrasse des cafés, c'est un va-et-vient incessant de tous ces individus. Les petits décrotteurs, jambes nues, leur boîte sur le dos, courent au milieu de la foule, cirant vos bottines presque de force. Les porteurs biskris passent chargés de paquets, et les Maures en toilette mettent une note claire avec leur pantalon bouffant de laine blanche et leur gandoura rose brodée de galons d'or.

Dans ce vaste caravansérail qui réunit l'Orient et l'Occident, on rencontre aussi des Arabes, le burnous rapiécé retenu sur la tête par la corde en poil de chameau. Ils errent à travers la ville comme des étrangers, et, drapés dans leur guenilles odorantes, attendent patiemment qu'Allah se réveille, et leur restitue cette terre que nous leur avons volée, cette mer qui n'est plus à eux.

C'est aujourd'hui vendredi, jour férié pour les musulmans, qui se rendent à la mosquée où l'on récite la khotba, et jour de liberté et de liesse pour leurs épouses, qui prennent la clef des champs et vont se divertir sur des tombes. Nous ferons comme elles, et nous irons au cimetière arabe d'Abd-er-Rhamanbou-Kobrin, situé à sept kilomètres, sur le bord de la mer, dans la direction d'Hussein-Dey. Aucun n'est plus fréquenté.

Des voitures publiques y conduisent de la place Bresson; elles sont invraisemblables : des planches mal jointes sur des tréteaux articulés; peu ou pas de vitres et des rideaux malpropres. L'ensemble rappelle vaguement un omnibus. Le nom générique est *corricolo;* je ne parle pas des noms de baptême de chaque véhicule qui font rêver : cela va de la Gazelle à la Rose du Sahara. La société est diverse. On y voit des dames élégantes et très distinguées, des Arabes silencieux, de gros nègres, pris de vin, la bouche barbouillée de lie et dont la tête bat l'enclume sur la poitrine en sueur. On part ainsi, au trot de chevaux étiques, dans un bruit de ferraille et un grésillement de vitres à donner des spasmes à un damné. Nous passons sous la porte de Constantine et devant les collines de Mustapha, où, dans un décor magnifique, au milieu d'arbres éternellements verts, des entrepreneurs intelligents ont bâti des villas délicieuses, comme une ironie mordante aux constructeurs officiels qui ont pollué la ville arabe. Des eucalyptus, des bella-ombra bordent la route; mais la poussière blanche couvre tout d'une teinte uniforme et noie l'horizon dans une brume indécise.

Le saint que nous allons visiter est un saint d'assez fraîche date, puisqu'il mourut dans les dernières années du dix-huitième siècle, mais célèbre par ses vertus et son iufluence. Si-Mahmed-ben-Abd-er-Rhaman naquit vers 1720, d'une famille de tolba, chez les Aït-Smaïl, tribu kabyle du Djurjura. Affilié à l'ordre des Khelouatya, il étudia au Caire, et pendant vingt ans fit de la propagande religieuse aux Indes et au Soudan. Revenu dans sa tribu, il y enseigna les pures doctrines de l'Islam, puis passa à Alger, où sa réputation de savant l'avait précédé. Malheureusement, les saints de cette ville supportèrent mal la concurrence, et, après des humiliations sans nombre, le religieux kabyle dut repartir pour ses montagnes. C'est là qu'il mourut six mois après, désignant pour son successeur son disciple Ali-ben-Aïssa, un saint très soigneux qui avait coutume de nettoyer lui-même l'écurie de sa mule, se servant de son burnous pour en enlever les immondices.

JEUNE MAURESQUE (ALGER.)

Sa mort faillit être le signal d'une guerre civile. Les Kabyles firent de grandes manifestations en sa faveur; mais les Turcs d'Alger ne voulant pas laisser à des tribus hostiles le monopole du pèlerinage, résolurent de s'emparer de son corps. Ils amusèrent les disciples ou khouans d'Abd-er-Rhaman par des protestations d'amitié, pendant qu'une troupe armée violait sa sépulture et emportait son cercueil. Les Kabyles, en apprenant l'insulte, coururent au tombeau, remuèrent la terre et s'aperçurent avec étonnement que leur patron y était encore, couché sur le côté, la tête légèrement soulevée et tournée vers l'Orient suivant la coutume arabe. Le Seigneur avait permis que le corps du saint se dédoublât pour empêcher une guerre fratricide. De là son surnom de Bou-Kobrin, qui veut dire « deux tombes ».

Voilà la légende. Je ne chercherai pas où est le corps véritable : dans la koubba d'Alger ou chez les Aït-Smaïl. Mais il est certain qu'Abd-er-Rhaman est vénéré dans toute l'Algérie comme un saint national; qu'il est le fondateur de l'ordre des Rahmanya qui réunit sous son étendard les Arabes et les Kabyles. « Ta voie, lui dit « Mohammed, une des sept fois qu'il lui apparut, est comme « l'arche de Noé: celui qui y est entré est sauvé. » Abd-el-Kader s'affilia à cet ordre qui lui donnait autorité sur les deux grandes

MOSQUÉE DE SIDI-OKBA.

races de l'Algérie, quand il voulut rétablir l'ancien royaume arabe, et, depuis, en 1857, en 1871, à chaque insurrection kabyle, dans le réseau serré des monts du Djurjura, nous avons trouvé les Rahmanya devant nous, soulevés à la voix de leurs moqaddem ou de leur cheikh.

Tel est le saint au cimetière duquel, sous prétexte de dévotions ou de prières, les Mauresques se rendent en foule chaque vendredi. Elles arrivent de bonne heure, en voiture et accompagnées si elles sont riches, à pied ou en corricolo si elles sont pauvres. Le haïk de laine blanche leur enveloppe complètement les épaules et la tête, et le large pantalon bouffant leur donne l'aspect de kanguroos ramassés sur eux-mêmes. Un vieux Maure, assisté d'un sergent de ville, garde l'entrée et veille à ce qu'aucun homme, musulman ou roumi, ne pénètre. Les femmes se répandent alors dans le cimetière comme des folles échappées, s'accroupissent un instant près des morts vénérés ; puis les voiles se soulèvent, les langues se délient, et pendant quatre heures c'est un concert, un jacassement de perruches en goguette.

Le cimetière et le hammam sont en effet les seuls lieux publics où les femmes arabes et mauresques puissent se rendre, les seules occasions qui leur soient offertes de sortir de la géhenne conjugale où la coutume de l'Orient les tient enfermées toute leur vie. Aussi profitent-elles largement de cette liberté. La plupart ont apporté des provisions, des pâtisseries au miel et au musc, des fruits, du vin de palmier, et l'on dîne ainsi en plein air, dans la bonne odeur des poivriers fleuris, sans contrainte et sans voiles, puisque les hommes sont bannis. C'est l'heure des commérages indéfinis : elles se disent, les pauvrettes, leurs infortunes conjugales, les cadeaux ou les coups de matraque dont les ont gratifiées leurs seigneurs et maîtres, et bien d'autres choses encore. Elles bavardent ainsi tout le jour, heureuses de sentir la terre sous leurs pieds et le grand espace libre autour d'elles, tandis qu'au fond la koubba, blanche et mignonne, offre la fraicheur de sa fontaine et le silence de sa cour aux grands pavés de mosaïque contre la chaleur torride de midi.

Je voulus pénétrer à mon tour, mais j'avais compté sans le bâton du gardien qui, d'un grand geste, me barra le chemin. Je restai donc au dehors et me pris à réfléchir à cette bizarre coutume de l'Orient qui fait des cimetières un lieu de plaisir. Vraiment est-elle si bizarre ? La mort n'est-elle pas le passage à une vie meilleure, et ceux qui dorment là, sous la terre remuée, fidèles sectateurs du Prophète, ne goûtent-ils pas les félicités promises, puisque, malgré leurs turpitudes et leurs crimes, il leur a suffi d'être des croyants pour devenir des élus ? A quoi bon alors s'attrister à leur souvenir ?

Mais voici que l'heure de la fermeture a sonné. Lentement, en se voilant la tête, les femmes descendent l'escalier de pierre, semblables à des flocons de neige qui sauteraient de degré en degré. Il faut rentrer au logis ; et, tout le long de la route poudreuse qui mène vers Alger, ce ne sont que corricolos pleins de femmes, emballées ainsi que des paquets et dont les blancs haïks saillent au dehors.

Un peu plus loin, on arrive au jardin d'Essaï ou du Hamma,

créé en 1832, et qui est un des plus morveilleux parcs qui se puissent voir. Trois longues avenues le traversent, allant de la route d'Aumale à la mer. L'une est plantée de platanes magnifiques ; l'autre de dattiers, montant parfois à vingt mètres de haut, et de dragonniers dont le tronc, court et trapu, se surmonte d'un faisceau de branches tordues, tandis que sous l'écorce court une sève épaisse, gluante et rouge comme du sang. Plus loin est l'allée des magnolias et des ficus, l'arbre à caoutchouc ; des branches latérales de ce dernier sortent des racines extérieures qui traînent à terre ainsi que des chevelures.

On y rencontre encore des palmiers chamœrops dont les tiges donnent du chanvre, des lataniers aux feuilles en forme de parasol, et surtout une allée de bambous, noirs et blancs, aux troncs lisses et sonores comme des tuyaux d'orgue, qui se réunissent en voûte, et dont la perspective allongée fait rêver aux mystérieuses forêts du Penjab. Puis, dans les carrés, sont réunies des plantes exotiques : des yuccas hauts de douze mètres, des areodoxa de la Havane gris cendré, des jubea du Chili, des acacias roses, des érythrèmes à fleurs rouges et des jacarondas à fleurs bleues, qui produisent, dit-on, le fameux bois de rose. C'est la gamme des tons éclatants, le *débordement* des exubérances tropicales.

En face du jardin, sous son dôme d'arbres séculaires, et près de sa fontaine arabe au mur verdi et écaillé, est le café des Platanes que Fromentin a chanté et que déshonore aujeurd'hui tout un cortège de guinguettes, enguirlandées de lanternes vénitiennes.

Nous gagnons le fort Bab-Azzoun et Alger par le bord de la mer. De là, le boulevard de la République, avec la ligne allongée de ses maisons, offre une magnifique perspective. Au fond, s'étale stupidement une épouvantable maçonnerie surmontée d'un fronton phénoménal ; la Bourse de commerce, je crois. A droite, s'étend le port, radieux et animé, que des bateaux traversent en tous sens : les gros transatlantiques, immobiles comme des monolithes de fer ; au bas, la foule des porteurs arabes et Koulour'lis, fils d'anciens corsaires, criant et se démenant en leur langue insociable ; plus loin enfin, la Darse avec ses barques de pêche pavoisées de mille couleurs. Le spectacle est vraiment admirable, la fête incomparable pour les yeux.

Puis, peu à peu la nuit descend, teignant le ciel d'un bleu plus sombre. Des rubans de feu courent le long des rues ; un a un les navires allument leurs feux de bord, rouge et vert, tandis que le phare du Peñon, qui a remplacé la lanterne des anciens pachas, perce la brume d'un jet électrique. Au-dessus de la ville moderne, bruyante et éclairée, dormait la ville arabe en son immobilité de pierre. Aucun cri ne sortait de la ligne sinueuse de ses murailles ; aucune lumière n'apparaissait au bord de ses terrasses qui montaient par gradins successifs jusqu'à l'infini azur du ciel. L'Orient se révélait alors, paré de toutes les magies de l'inconnu, et semblait grandir dans la nuit, écrasant l'Europe et le monde civilisé de son impénétrabilité, de ses splendeurs innommées, de tout son passé fait de sombre mystère, de luttes acharnées et de sang répandu.

II

Alger, vu d'un point culminant de son enceinte, de l'ancienne mosquée El Kasba-Berani (aujourd'hui l'église Sainte-Croix) ou d'une des maisons avoisinant la Kasbah, offre un panorama merveilleux. Voici d'abord, tout là-bas, de l'autre côté de l'immense baie qui creuse la terre en forme de poche, une rive plate et basse s'avançant dans la mer comme la patte allongée, d'un animal fantastique. C'est le cap Matifou, d'où était tiré le coup de canon qui annonçait aux Algériens l'arrivée d'un nouveau pacha turc, quand l'ancien avait cessé de plaire ou qu'il était égorgé. Des pans de murs, des tronçons de colonnes épars y indiquent encore la place de la ville romaine de Rusgunia, Les Maures et les Turcs ont emporté le reste, et de ces débris est sorti Alger, comme Tunis est sorti de Carthage et les palais romains du Colysée. La légende, chère aux imaginations arabes, s'est exercée au sujet de ces ruines et a placé dans ces souterrains des richesses immenses, une cuve pleine de pièces d'or, gardée par un démon, et un fleuve d'eau d'eau bouillante, qui se met à couler tout à coup et brûle affreusement ceux qui tentent de s'approcher.

JEUNE JUIVE D'ALGER.

Au delà, dans un lointain noyé de vapeurs bleues, se montrent les monts de la Kabylie en une ligne à peine estompée. Puis, le rivage, où la mer roule de petits bâtonnets d'acier, dessine sa courbe infinie, bordant une plaine basse, aqueuse, semée de bouquets d'arbres et de maisons blanches, derrière laquelle s'étend le grand azur immobile pareil à un voile qui fermerait l'horizon.

Enfin, plus près, mais toujours sur la droite, masquant en partie les deux villages de Mustapha, une bande d'un vert sombre, large, inégale, où les villas font des taches claires, s'allonge comme un épais bourrelet jusqu'au fort l'Empereur à cheval sur la crête, tourne au nord en passant derrière la Kasbah, et va rejoindre les pentes dépouillées et mornes du Bouzaréa qui, de là, semble se

RUE DU DIABLE A ALGER.

terminer à pic sur la mer. Dans ce triangle est Alger, descendant par des échelons successifs les pentes de sa colline.

Alger, l'Icosium des Latins, bâti, dit-on, par vingt compagnons d'Hercule qui lui laissèrent ce nom grec (εἴκοσι, vingt) pour qu'il se souvînt de ses fondateurs, démoli par les Vandales en 380, rétabli au dixième siècle par un prince ziride qui l'appela Ei Djezaïr, d'où nous avons fait Alger, soumis aux Turcs en 1518, ne ressemble plus guère à ce qu'il fut il y a trois siècles, et à ce qu'il était encore quand nous l'avons conquis, car les villes d'Orient ont ce singulier privilège de défier le temps sous leur manteau de chaux vive et de se renouveler sans se transformer, immuables comme l'idée religieuse qui les gouverne, impénétrables comme le peuple qui les habite. Démolisseurs et architectes ont passé par là, et chacun de leurs actes a été une profanation.

Il ne reste plus rien de la triple enceinte flanquée de bastions, percée de meurtrière, couronnée de créneaux et de pyramidions, dans laquelle les pachas l'avaient muré au seizième siècle, et qui, pareille à deux chaînes tendues de la Kasbah à la mer, serrait la ville arabe à l'étouffer. La ville moderne l'a fait craquer ainsi que d'une ceinture trop étroite, et le génie militaire a enlevé les débris.

Là pourtant, presque au ras des flots, s'ouvrait la porte Bab-Azzoun, qui, seule pendant longtemps, mit Alger en communication avec la campagne, et que ses souvenirs eussent dû préserver. C'est au pied de cette porte que le 25 octobre 1541, lors du dernier assaut donné par Charles-Quint à la ville, Bélaguer de Savignac, qui conduisait les chevaliers du Temple, forcé à la retraite par la résistance des défenseurs, s'avança hardiment, et plantant son poignard dans les battants en chêne, s'écria : « Nous reviendrons le chercher. » — Près de trois cents ans devaient s'écouler avant que la France relevât le défi jeté par un chevalier français aux corsaires de l'Afrique. Là aussi, à des crochets de fer scellés dans la muraille, étaient suspendus les corps des suppliciés jusqu'à ce que les corbeaux ou le soleil en eussent raison. De tout cela il ne reste qu'une trouée dans les nouveaux remparts et les deux portes insignifiantes de Constantine et d'Isly.

On a démoli de même les trois quarts de l'ancien Alger, ces fondouks taillés en bastions, habités toute l'année par les marchands d'huile et les teinturiers, où les Arabes du dehors s'entassaient le soir avec leurs troupeaux et leurs marchandises ; — ces longues murailles austères, percées d'étroites ouvertures carrées qui semblaient sortir des flots, et au-dessus desquelles pointait parfois un palmier solitaire, coiffé d'un panache de feuilles vertes ; — cet hôtel de la marine, qui faisait une figure si originale à l'entrée du port avec ses arcs surbaissés et son toit de tuiles vernissées ; — ces mosquées aux coupoles affaissées, ces minarets pointus surmontés des boules et du croissant de cuivre ; enfin toute cette série de maisons blanches, closes et mornes, cette ligne de toits plats, sinueuse et bizarre, cassée aux angles, striée d'ombres et de clartés, qui courait de Bab-Azzoun à Bab-el-Oued, qui dégringolait de la Kasbah à la mer.

Au lieu de cela, nous avons bâti des maisons à cinq étages, un quai en arcades avec la rue de Rivoli au-dessus. Et pourtant, il eût été si facile d'installer une ville moderne dans la plaine de Mustapha et de laisser la ville indigène dans sa blancheur et sa pureté première! C'est à peine si, tout en haut, sur la pente extrême de la colline, entre les rues de la Kasbah et Porte-Neuve, la vie arabe a pu se retirer dans un quartier paisible et fermé où l'on peut encore la contempler dans son cadre. Mais il faut se hâter, car le jour ne tardera pas où les démolisseurs patentés, les Haussmanns nègres, iront chercher ce dernier vestige d'une époque oubliée, et l'extirperont du sol de l'Afrique, avec l'acharnement que met un paysan qui a trouvé quelque figurine de Pierre Verrier ou de Léonard Limosin à frotter et à gratter, jusqu'à ce que la dernière trace d'émail ait disparu, pour contempler ensuite, d'un air béat et satisfait, une belle plaque de cuivre luisant comme un chaudron neuf.

Ainsi nous procédons sans cesse. Nous n'avançons à travers les siècles qui nous ont précédés que le marteau et la pioche à la main. Nous démolissons, détruisons, dévastons avec rage et donnons à ces monstruosités le progrès pour excuse. N'est-ce pas au moins étrange? Les Vandales étaient plus logiques : s'ils promenaient pendant quatorze jours le fer et le feu dans Rome, au moins ils n'édifiaient pas après avoir renversé. Au lieu d'un palais, il y avait une ruine et un monceau de cendres; c'était la caractéristique de leur passage, leur façon à eux de comprendre le progrès. Tandis que nous, nous ne démolissons que pour bâtir; pour faire place à nos conceptions nouvelles, nous balayons les anciennes. Il semble vraiment que nous ayons à rougir du passé, comme un fils d'un père mort sur l'échafaud, à moins que notre conduite n'ait pour excuse la crainte de paraître trop mesquins à côté.

Autrefois, une architecture résumait une époque. Elle était le registre universel où chaque peuple, en passant, consignait ses idées et mettait sa signature. Un monument était l'expression de la pensée dominante d'un siècle et d'une race qui laissaient alors leurs traces en caractères indestructibles à travers l'histoire. C'est ainsi que les divinités montrueuses de l'Inde avaient leurs pagodes encore plus monstrueuses qu'elles; que le Parthénon était aussi pur que le rythme cadencé de la poésie grecque; que plus tard la féodalité eut ses forteresses, et la foi religieuse son art roman et gothique. Quand, par hasard, une idée se généralisait, l'édifice, s'il restait le même dans son principe, variait au moins dans son expression finale, suivant qu'il avait poussé au septentrion ou au midi, dans la plaine ou sur la montagne. Notre-Dame de Paris ne ressemble pas à la cathédrale de Cologne; la Renaissance n'est plus la même au Louvre, à Nuremberg et à Florence; Saint-Marc est le résumé de cinq ou six civilisations différentes. Chaque pays avait ainsi son originalité propre, comme chaque famille son blason : la nôtre incontestablement est de n'en avoir aucune.

Au lieu des cités d'autrefois, si merveilleuses dans leur diversité,

BISKRI, PORTEUR D'EAU D'ALGER.

si bien caractérisées dans les différentes phases de leur développement et de leur histoire, nous bâtissons aujourd'hui des villes qui se ressemblent toutes et ne ressemblent à rien. Allez à Paris, à Londres, à Vienne, à Saint-Pétersbourg, à New-York ou à Calcutta, vous rencontrerez toujours la même ordonnance dans l'architecture, les mêmes maisons, le même aspect, la même conception des nécessités de la vie. Bientôt, sans doute, on parlera la même langue, on échangera la même monnaie, comme s'il fallait désormais que la même bouffée d'air entrât à la fois dans toutes les poitrines, la même idée dans tous les cerveaux, le même afflux sanguin dans tous les cœurs. Ce que nous faisons est impersonnel,

ZAOUIA DE SIDI ABDERRHAMAN, PATRON D'ALGER.

comme ce que nous pensons. Après l'internationalisme des idées que nous devons à la vapeur et à l'électricité, nous aurons l'internationalisme des habitations, des costumes et des habitudes.

Le résultat est horrible et le deviendra plus encore : figurez-vous l'oreille percevant indéfiniment le même son. Dès qu'un individu a trouvé quelque chose de parfait, il prétend l'imposer aux autres, cela fait ainsi le tour du monde, et nul ne peut plus s'en écarter. Au fond, cette théorie de l'unification intellectuelle, du nivellement cosmopolite, se dresse au bout de toutes les routes du progrès, à tous les carrefours de la civilisation ; aussi sous ce joug égalitaire l'esprit humain s'étiole et meurt. Pour peu que cela continue, l'univers ne tardera pas à ressembler à une vaste pharmacie où l'on rencontre, il est vrai, des substances fort diverses, mais toutes enfermées dans des bocaux de même forme, ce qui fait qu'on les croit similaires. Ainsi en sera-t-il de nous-mêmes et de nos conceptions. Vous verrez qu'il ne sera bientôt plus permis à un nègre d'être nègre et, par réciprocité, à un blanc d'être blanc. On ne voudra plus qu'une même nuance. Je propose le café au lait, pour que tout le monde soit content.

Je ne sais si les ingénieurs, les banquiers, les commis voyageurs et les journalistes, tous ces promoteurs du progrès à outrance, se réjouiront de cet état de choses; mais je sais bien que les artistes en gémiront et, avec eux, tous ceux qui ont autre chose qu'un rouage articulé en guise de cœur, qu'une boîte à calcul en guise de cerveau. Il est possible toutefois que l'excès amène une réaction, et que la bête humaine trop parquée, trop comprimée, trop épinglée, se regimbe enfin et s'en retourne à sa barbarie première, comme le chien de salon qui, gorgé de douceurs et repu de bonne chair, quitte son coussin de velours pour s'en aller dans la rue ramasser sur un tas d'ordures quelque crevaison oubliée, et s'en gave avec délices parce qu'au moins il est libre et qu'il peut se repaître où il veut et comme il veut.

Alger offre donc cet aspect lourd et solennel que présente toute ville moderne qui prétend devenir capitale : de gros pâtés de maçonnerie à peu près égaux qui sont des maisons, séparés par des vides réguliers qui sont des rues ; le tout disposé bien en ordre et montrant aux yeux le dessin vraiment beau à voir d'un gâteau coupé par tranches. Voilà ce qu'on a fait, et rien ne retiendrait les regards s'il ne subsistait de-ci de-là quelques édifices anciens, épaves oubliées d'un autre âge, au milieu du flot montant des insignifiances modernes. Voici d'abord, sur la ligne allongée des îlots, le Peñon, la sombre citadelle espagnole, semblable à un cylindre écrasé. Le comte de Novare l'édifia en 1510. Vingt ans plus tard, Kheir-ed-Din, le second Barberousse, s'en empara et la réunit à la terre par la jetée qui porte son nom. De là part la rue de la Marine qui conduit à la place du Gouvernement. Deux minarets se dressent à son extrémité. Le premier, lourd et trapu, est celui de la grande mosquée, Djama-Kébir, qu'un roi de Tlemcen éleva en 1324 « à la gloire du Dieu vivant et miséricordieux ». — Quel est le minaret dont la beauté est comparable a la mienne? » chante pourtant l'inscription koufique de l'escalier. « Ne fais-je pas concurrence à la lune? » L'autre est celui de la mosquée de la Pêcherie, et serait fort élégant avec son épais bandeau de faïences rouges et jaunes, n'était l'horloge que l'on a grotesquement encastrée dans les panneaux supérieurs. La mosquée, en forme de croix, s'étend derrière et fait une tache blanche, festonnée de merlons que la coupole centrale soulève comme une ampoule.

Plus près de nous, sur la lisière de la ville arabe, entre l'Archevêché et le palais du gouverneur, voici les deux tours de la cathédrale, rondes ou octogones, je ne sais plus, quelque chose de grossier, d'informe, qui n'est d'aucun style et d'aucun pays : un appareil de forteresse, des ouvertures romanes, un couronnement de minaret et, sur le tout, une calotte de pope russe. L'ensemble rappelle des tourelles de château-fort empruntées à un décor d'opéra-comique.

Combien plus gracieux, plus oriental, est le minaret de Sidi Abd-er-Rhaman qui domine le jardin Marengo de ses trois étages d'arcades superposées! Une rampe fort raide, qui a remplacé les interminables escaliers d'antan, longe les remparts sur la gauche et conduit à la Kasbah, l'ancienne forteresse des Deys, dont la muraille massive et sombre ferme comme une barre l'horizon de ce côté.

De là, quand le regard se reporte sur le vieil Alger étendu à vos pieds, l'impression change tout à coup : on dirait un monde inconnu qui se révèle. D'abord, c'est un éblouissement : on ne voit qu'une large tache blanche, plissée de mille façons, inégale, informe... inclinée vers la mer. Puis, l'œil peu à peu perçoit des détails : des terrasses s'étageant les unes au-dessus des autres, de petits murs bas, allant en tous sens, séparant les plates-formes, des cheminées surmontées de petits pilastres en maçonnerie ou de vases de terre vernie, des pavillons en forme d'éteignoirs, fichés aux angles des terrasses, sortes de tourelles en miniature; puis, au milieu de tout cela, des trous noirs, carrés ou rectangulaires, qui se creusent dans la maçonnerie comme des puits, et correspondent aux cours intérieures d'où les habitants tirent le jour et la lumière; le tout très blanc, parfois nuancé d'un peu de rose, avec des lignes sinueuses de carreaux bleus et de tuiles embouties qui ourlent le bord des murailles.

Tout cela est inégal, se heurte dans le plan et dans la ligne, faisant des saillies magnifiques, offrant des ombres intenses et des taches de clarté aveuglantes : une vraie débauche de pierres. Figurez-vous une matière ignée, se répandant en cascade sur une pente rapide, soulevée de bouillonnements intérieurs, puis tout à coup solidifiée en une immobilité de marbre et demeurant ainsi depuis des siècles. Tel est l'aspect du vieil Alger, vu des hauteurs de la Kasbah.

C'est que les maisons se sont bâties à l'aventure, au hasard des pentes et des fantaisies du propriétaire, se haussant les unes au-dessus des autres pour mieux voir sur la mer et avoir chacune leur part de lumière et de soleil. Elles ont enjambé les ruelles qui les séparaient par des encorbellements successifs; elles se sont fermées aux bruits du dehors ainsi que des coffres à secrets, cachant derrière leurs murailles closes les arabesques stuquées de leurs arcades et les mystères du gynécée arabe. Les toits, orientés dans mille directions, se sont soudés les uns aux autres, drus, adhérents, et ont fait un bloc à l'œil, compact et homogène. Seuls quelques minarets octogones, coiffés d'un capuchon de pierres, quelques koubbas à calotte côtelée se dressent çà et là comme des mâts de navire ou des bouées immobiles dans cette mer de blancheurs figées.

Ces demeures sont des tombes, et ceux qui les habitent y demeureraient à jamais ensevelis s'il n'y avait les terrasses. La terrasse en Orient est une dépendance indispensable de la maison, un complément à son existence intérieure, le lien en quelque sorte qui la rattache au monde visible et agissant. Elle verse par son échancrure centrale la lumière et la chaleur aux appartements privés; elle recueille entre ses bords relevés en cuve les eaux de pluie pour les citernes; elle sert enfin aux usages domestiques: on y fait sécher le linge, on y suspend, à l'automne, pour consommer l'hiver, d'interminables chapelets de piments qui ensanglantent le mur de guirlandes rouges; on y fait encore la cuisine à la tombée de la nuit. Elle est aussi un lieu de promenade où les femmes, enfermées dans la geôle conjugale, peuvent prendre l'air à l'abri des regards indiscrets; et c'est une chose curieuse à voir, dans la chaude atmosphère des soirs, que toutes ces Mauresques allant et venant sur les terrasses, en caleçon de toile demi-collant, les pieds nus vaguant dans des sandales trop larges à talons de bois, la chemise entr'ouverte sous la foutâh relâchée, montrant une peau dorée encadrée d'une épaisse natte de cheveux bruns, ou bien encore, dans le silence aimé des nuits, rêvant aux étoiles et suivant Tânit en sa course rapide, Tânit, la nourricière du monde, la déesse des amours infinies et des germes féconds.

L'Orient sort alors pour un temps de son immobilité de pierre, et mêle sa voix à l'hosannah universel des choses animées.

Mais ce qu'on ne peut rendre, c'est l'éclat incomparable du ciel qui luit sur vos têtes comme une gloire infinie, le soleil, pareil à un météore suspendu dans l'espace qu'il transforme en brasier ardent, la mer au loin aussi bleue que le ciel, si bien que l'on ne sait où l'un finit, où l'autre commence; enfin, d'un bout à l'autre de l'horizon, du zénith à la terre, épandue dans l'immensité de l'air, cette lumière étonnante de l'Orient, aveuglante, insondable,

RUE PORTE-NEUVE (ALGER).

qui couvre tout, qui noie tout dans des flots d'or et de clarté. C'est un spectacle enchanteur : une rêverie lumineuse éclose en un moment d'extase.

La Kasbah se dresse derrière, couronnant l'espèce de pyramide que forme la ville d'Alger. Elle était à la fois citadelle et palais sous la domination turque; mais, depuis, nous l'avons éventrée, mutilée, effaçant comme à plaisir jusqu'au souvenir des événements qui s'y passèrent. Sa construction, entreprise par Aroudj, le premier Barberousse, remonte à 1516, et dès lors son histoire fut intimement liée à celle d'Alger. Aussi vit-elle tant d'horreurs et tant de crimes, depuis le massacre des Koulour'lis en 1629, jusqu'aux exploits du chaouch Toubeurt qui décapita cent trente-deux Arabes en un jour, sans parler des égorgements continuels de pachas, que l'on peut se demander si le rouge qui colorait ses embrasures et ses portes n'était pas avivé chaque mois avec le sang des victimes.

Extérieurement, c'est une assez vilaine muraille sombre, percée d'embrasures surmontées d'un toit arrondi. Dans un angle, une porte romane entre des montants de pierres de couleur s'ouvre sur un passage voûté en anse de panier. Là, se trouve l'entrée de la forteresse, très curieuse avec sa loggia de carreaux verts. De l'intérieur il n'y a rien à dire, puisque tout a été bouleversé ou démoli. On vous conduit pourtant encore dans une cour carrée qu'entoure un double rang d'arcades, et l'on vous montre, à hauteur du deuxième étage, un petit pavillon fait de rectangles de bois rouges et vert, coiffé d'un toit de tuiles vernissées. Dans cette chambre M. Duval reçut le coup d'éventail qui décida du sort de la Régence. Il y a encore une jolie mosquée octogone, ornée de carreaux noirs et bleus avec une porte Renaissance (l'intérieur est transformé en infirmerie), et plus loin, une délicieuse fontaine de marbre blanc, décorée de colonnes torses et de chapitaux corinthiens. Près de ce bassin avaient lieu les supplices. C'est là, suivant la légende, qu'Ali-Siaf, le bourreau renommé, décapitait si adroitement, avec son sabre de Damas, que les têtes ne tombaient pas, que les décapités eux-mêmes ne s'apercevaient de rien et continuaient à parler, si bien qu'il devait leur mettre sa tabatière sous le nez pour les faire éternuer et que leur tête, dérangée de son équilibre, roulât enfin à terre.

Telle est la Kasbah aujourd'hui. La désillusion qu'on éprouve est complète, et l'on reviendrait le cœur navré de tant d'indifférence et de vandalisme, si, en sortant, la nature, avec ses féeries, ne vous reprenait et ne vous reportait vers des pensées plus sereines. Elle, au moins, ne cesse pas d'être belle. Elle porte sa force en elle-même, ce qui lui permet de se renouveler sans cesse, et, par sa grandeur et son éternité, échappe encore aux insultes de l'homme.

III

Après Alger moderne, je veux parler du vieil Alger, le vrai, le seul, celui dont il reste bien peu de chose, et qu'on finira par démolir tout à fait, au grand plaisir des Parisiennes fraîchement débarquées, qui trouvent que c'est noir, sale, que cela sent mauvais, et qui prétendent qu'on y meurt de peur... Enfin passons.

Alger est au Maure, comme les hauts plateaux sont à l'Arabe et les montagnes au Kabyle. On n'est pas d'accord sur l'origine des Maures. Il est certain qu'autrefois un peuple de ce nom habitait la Mauritanie, vaste contrée qui s'étendait de Tanger à Constantine. Procope le rattache aux Phéniciens de Carthage; mais Salluste le fait venir du mélange des Mèdes, race japhétique introduite plus de quinze siècles avant Jésus-Christ, avec les Libyens, un des peuples aborigènes de l'Afrique. Il ne serait qu'un rameau de la grande famille numide ou berbère qui est en réalité la vraie race *autochtone* de l'Algérie. Pour ma part, je croirais que ces anciens Maures ont fini par se fondre complètement avec elle, au point de ne plus pouvoir en être distingués aujourd'hui.

Quant aux Maures que l'on trouve à présent dans les villes, ils viennent tout uniment d'Espagne. Ce sont les descendants de ceux que Ferdinand le Catholique a chassés de Grenade, et qui se sont réfugiés sur le littoral. Le royaume d'Alger s'élevait alors sur les ruines des empires almohade et hafside. Ils lui ont imprimé un nouvel élan, l'ont enrichi par leur commerce, en ont fait une puissance formidable après que Barberousse eut, par un trait de génie, rattaché la Régence à l'empire turc; et cette race de gens qui avait créé l'art sarrasin et les merveilles de l'Alhambra a fini dans la piraterie la plus effroyable.

Pendant trois siècles, Alger et la Régence furent le rendez-vous des forbans et des aventuriers sans aveu; l'égout profond où, chaque matin, la mer déposait avec l'écume de ses flots le rebut de toutes les civilisations. Pirates, ils brigandaient la Méditerranée, poussant parfois des pointes sur l'Océan et se moquant des puissances civilisées. Les livres de France, les doublons de Castille, les ducats d'Allemagne s'entassaient dans les coffres de cette ville qui ne vivait que de rapines; vingt-cinq mille esclaves de toutes nationalités emplissaient les maisons ou encombraient le Badistan. Beaucoup se faisaient musulmans pour devenir libres et se mariaient dans le pays. Ces renégats apportaient ainsi au vieux sang maure l'appoint d'un sang nouveau, et cet amalgame continuel a largement contribué à donner à la race d'aujourd'hui sa physionomie si curieuse et si cosmopolite.

Ce qui est certain, c'est que les Maures d'Alger ne sont ni Arabes ni Kabyles. Ils n'ont ni le même type ni les mêmes mœurs. Le costume aussi diffère; rarement ils portent le burnous, cet ample vêtement du steppe, qu'ils remplacent par des vestes aux couleurs riantes. La religion seule les marque du même sceau. Quand on voit passer ces grands enfants efféminés, au nez aquilin, aux yeux largement fendus en amande, aux chairs molles et rosées, l'esprit évoque l'idée de je ne sais quel composé hybride, produit de l'accouplement de tous les peuples de la terre, où toutes les nationalités, toutes les races, tous les sangs se trouveraient confondus comme les sexes chez un androgyne.

Pour gagner la ville mauresque, on peut traverser la place de Chartres, où se tient, chaque matin, le marché indigène. Au milieu, sous des abris de toile, les marchands de légumes et de fruits entassent leurs produits en un amoncellement merveilleux. Sur les côtés, s'ouvrent des arcades abritant des boutiques d'épiciers et de bouchers. Des rôtisseries en plein vent occupent les angles, et, quand on passe, l'odeur des viandes chaudes se mêle à l'arome des fruits mûrs. Incessant est le va-et-vient de tout le peuple; effroyable, le vacarme que font les cris, les imprécations qui s'échangent en toutes langues. Les Biskris hébétés, les nègres lippus circulent, mêlés aux Européens; les Arabes balayent avec insouciance, de leurs grands burnous sales, les friandises étalées au grand air, et les petits porteurs indigènes, montrant leur peau cuivrée sous la chemise entr'ouverte, se poursuivent sans relâche au milieu de la cohue, donnant avec leurs têtes rondes, coiffées de la chéchia, l'illusion d'un jeu de boules rouges lancées dans toutes les directions.

NÉGRESSE (ALGER.)

En haut, se détache avec des reliefs extraordinaires sur le ciel bleu une série de maisons blanches et de terrasses ou sèche du linge. C'est là que nous allons.

Ici, toute description semble impossible, tellement l'aspect change à chaque pas. Aucune conception architecturale, aucune ordonnance, mais la fantaisie la plus discordante se donnant carrière sur une pente abrupte. Figurez-vous un amoncellement de blocs de pierres de toutes les formes, de toutes les tailles, liés, soudés les uns aux autres, au travers desquels des rues se sont frayé un passage, comme des termites dans une pièce de bois; des faisceaux de ruelles et d'impasses mêlées en un tricot inextricable, claires ou obscures, aérées ou puantes; des escaliers qui sont des échelles, des descentes qui sont des précipices, des carrefours qui sont des coupe-gorge; un sol qui s'effondre tout à

PORTE DE LA GIRAFE A ALGER.

coup sous vos pas, des murs qui semblent crouler sur vos têtes; des toits zigzaguant à l'infini et traçant sur l'azur du ciel des lignes sinueuses comme des éclairs crochus; des accouplements de maisons monstrueux; des enlacements de poutrelles plus monstrueux encore : bref, un désordre très pittoresque et la plus fantastique sarabande, le plus effronté dévergondage auquel des pierres, des poutres, des tuiles et des pavés puissent se livrer.

Cependant, de cet ensemble intraduisible se dégagent bientôt une idée, un principe, une couleur. — *L'idée*, c'est la maison close, concentrant toute la vie au dedans, réservant pour elle-même ses merveilles et ses délices, et n'offrant au dehors qu'une façade impénétrable et triste comme la paroi d'un sépulcre : véritable *home* antique, sanctuaire où nul ne pénètre, merveilleusement adapté au climat et au caractère de l'Arabe, jaloux de ses femmes et ami du mystère. — Le *principe*, c'est le grand mur nu, percé seulement de quelques ouvertures, rares, étroites et grillées, et d'une porte basse à plein cintre; l'absence de décoration, sauf quelquefois un léger bandeau de pierres taillées à facettes ourlant le bord supérieur de la muraille; le toit en terrasse; les étages avançant sur la rue, soutenus par des porte à faux se soudant parfois jusqu'à former des passages complètement obscurs. — La *couleur*, enfin, c'est le blanc, un blanc de chaux éclatant, qui revêt la maison de la base au sommet, cachant les moindres interstices des pierres.

Tout l'art architectural arabe se résume en ces trois choses; mais quelle diversité infinie dans l'application! Les rues Porte-Neuve et de la Kasbah, qui s'élèvent à droite et à gauche, sont comme les boulevards extérieurs de cette cité préhistorique : elles sont larges relativement, puisqu'elles mesurent jusqu'à cinq mètres. Entre elles s'étend l'Orient encore immaculé, et, quand on s'engage dans ce quatier bizarre, on voit tout à coup, devant soi et dans toutes les directions, s'ouvrir des ruelles désertes, qui s'enfoncent avec lenteur à travers ces masses de blancheurs étranges, et semblent conduire vers le pays du mystère et de l'éternel silence.

Voici, par exemple, la rue des Abderrames, si étroite que trois hommes parfois n'y sauraient marcher de front; quand on a franchi le passage voûté qui la précède, un brusque ressaut vous arrête : deux maisons posées en travers, à quelques pieds l'une de l'autre, semblent prêtes à s'aborder par leurs angles, comme deux navires par leur proue. La rue se faufile ensuite, pareille à un torrent qui glisserait entre des rocs, et se continue jusqu'à une grande muraille blanche, délicatement ourlée d'une bordure de tuiles vernies, dont les saillies magnifiques rappellent des donjons de château fort. Plus loin, des étages se touchent presque, et derrière, dans l'entrelacement des porte à faux, on entrevoit une voûte à arcs surbaissés semblable à un souterrain clair. Ailleurs, l'aspect change. La pente est si rapide qu'il a fallu établir de grandes marches faites de pavés oblongs; la maçonnerie forme une cuvette en son centre,, où le ruisseau dégringole en cabrioles fantastiques. A droite, à gauche, les murailles ont fléchi, sous une poussée intérieure, et se touchent presque par leur milieu : on dirait une paroi de granit blanc, minée à sa base par la lame d'un torrent.

Quelquefois, une gerbe de cris s'échappe d'une école, où des Arabes en burnous se disputent devant la boutique d'un barbier; mais, le plus souvent, le quartier est paisible, et les pas résonnent silencieux dans le mystère des porches ombreux. On se croirait dans une ville morte depuis plus de cent ans, ensevelie sous un blanc suaire de chaux vive. On marche ainsi de surprises en surprises à travers ce long labyrinthe d'impasses et de rues qui ne semblent jamais finir. C'est un art aux combinaisons incessamment renouvelées et qui retient par l'infinie variété de ses aspects.

Mais ce qui est invraisemblable, ce sont les porte à faux. Ils sont en bois de thuya ou de cèdre, ronds et plus ou moins droits. Ils s'arc-boutent dans la muraille et s'avancent obliquement sur la rue, supportant, à un mètre cinquante du sol, un plafond fait de poutrelles habituellement peintes en bleu. L'étage s'assied là-dessus, en saillie de un mètre à un mètre cinquante sur l'aplomb du mur. Souvent une autre série de porte à faux part de cet étage pour en soutenir un second, alors à quelques mètres plus haut. Il y a ainsi des forêts de porte à faux qui alternent à droite et à gauche de chaque côté de la rue, et s'élèvent les uns au-dessus des autres jusqu'à réunir les maisons par leur faîte, comme des pyramides renversées qui se toucheraient par leur base. D'en bas cela fait un treillis à travers lequel le ciel passe.

Au-dessous, sous l'espèce d'auvent que forme l'étage en surplomb, entre des piliers de marbre chargés d'ornements byzantins, s'encastrent d'épaisses portes en chêne massif, munies de puissantes armatures de fer et ornées de gros clous. Une sorte de meurtrière carrée, garnie de barreaux, formant berceau au dehors, s'ouvre au-dessus et permet de regarder qui frappe à la porte. La maison n'a pas d'autres ouvertures, mais souvent on rencontre des détails délicieux : un bandeau délicatement fouillé, des lettres dessinées en clous de cuivre, des loquets ouvragés, et parfois une petite tourelle carrée à encorbellement de pierre, comme dans nos constructions du seizième siècle.

C'est dans ces vieux quartiers d'Alger que j'ai le mieux pénétré et compris l'Orient. Il faut avoir vu ces étages avançant jusqu'à se toucher, si bien que les maisons se continuent ainsi qu'un pont à arcades, ces rues étroites, ouvertes sur la droite ou la gauche, puis fermées brusquement par un mur. On les croit finies; non, elles ont fait un coude et se continuent au delà plus fraîches et plus pittoresques. Ailleurs, ce sont des passages voûtés, qui font une série dégringolante d'arcades aux tons d'ombres différents, des escaliers en forme de vis très escarpés, des ruelles impossibles aux murailles hérissées d'irradiations éclatantes ou ensevelies dans des suaires d'ombres lugubres, quelquefois de vrais tubes, comme la rue du Diable, plongeant dans un abîme de noirceur par des marches qui sont autant de casse-cou; seulement, à droite, tout au fond, la paroi est éventrée, et l'azur apparaît comme lorsqu'on le regarde à travers une lunette.

Rue Tombouctou, les saillies se rejoignent presque, et, dans leur entre-bâillement, de longues raies lumineuses glissent jusqu'au sol, qu'elles découpent en damier. Rue des Janissaires, on ne voit qu'une succession de toits et de terrasses avec le ciel et la mer fondus au-dessus, tandis que les porte à faux, grandis par la perspective, semblent de gigantesque potences gesticulant sur vos têtes. Rue du Dragon, le ciel, découpé par bandes, se tord pareil à un serpent bleu entre les échancrures des maisons. Enfin, partout les jeux de lumière les plus inattendus illuminent ce cahos, avivés encore par des entourages d'ombres qui forment repoussoir. Quand le soleil, filtrant à travers les poutrelles, éclairent ces murailles en ..ine qu'il zèbre de fulgurations diverses, on croirait voir quelque friperie orientale, pallium en guenilles ou zaïmph dépenaillé, qu'une de ces divinités secondaires de l'Afrique, issues du commerce d'anges et d'êtres humains, Dajnoun ou Ghoula, Delhath, mangeur de cadavres ou Chaitân, détrousseur de caravanes, aurait laissé tomber de ses épaules sur les pentes du Sahel, une nuit qu'elle se rendait au grand banquet que le diable Iblis, chef des damnés, donne tous les ans pour fêter le jour où Dieu l'a maudit.

Tel est l'aspect architectural du vieil Alger, si l'on peut, à proprement parler, appeler architecture ce qui n'a d'autre règle que la fantaisie du propriétaire et d'autre frein que les impossibilités naturelles. Il est charmant d'y flâner, n'ayant pour guide que son caprice, car, suivant le mot de Montaigne, « c'est une épineuse « entreprise de suivre une allure aussi vagabonde que celle de « notre esprit ».

A côté de ces rues tranquilles et silencieuses comme des allées de nécropole, sont des rues commerçantes plus animées. Sous les auvents de bois s'ouvrent des boutiques minuscules, véritables placards de quelques pieds carrés où les industries usuelles ont élu domicile. On y trouve des cordonniers, des brodeurs, des épiciers, des marchands d'étoffes et de poteries. Ailleurs, des fruitiers disparaissent derrière des pyramides de tomates ou des chapelets de piments; des boucheries, vraies écorcheries arabes, étalent à leurs crocs des paquets de viande sanguinolente, et plus loin, dans quelque recoin paisible, gravement assis sur ses talons, un vieux Maure à la longue barbe blanche écrit sur ses genoux au milieu d'un amoncellement de parchemins jaunis : c'est un notaire ou écrivain public.

Sur les marches des escaliers, les indigènes de la campagne ont

TYPES DIVERS (ALGER.)

étagé leurs paniers de légumes et de fruits, et vous vendent au passage pour quelques centimes des cornets pleins d'arbouses empourprées ou des bouquets de fleurs de poivrier dont l'odeur âcre monte au cerveau comme un parfum capiteux. Dans ces rues étroites et souvent abruptes, nulle voiture, bien entendu, ne pénètre. Seuls, quelques troupeaux d'ânes circulent sous la conduite d'un Mzabi, et, dans le double couffin de paille tressée qu'ils portent sur leur dos, enlèvent les ordures que les ménagères déposent à leur porte dans des boîtes, quand elles ne les jettent pas au milieu de la rue, ce qui est beaucoup plus expéditif.

Ce quartier, désigné sous le nom de quartier de la Kasbab, quoique le plus petit d'Alger, renferme à lui seul les deux cinquièmes de sa population. On y rencontre les types les plus curieux et les plus variés : Biskris, vêtus d'une courte chemise de laine, passant la cruche de grès sur l'épaule et rappelant quelque statue de bronze antique; enfants au crâne pelé, d'un modelé superbe et d'une carnation délicieuse; nègres soudanais; Arabes en burnous. Les Maures toutefois sont les plus nombreux.

Je l'ai déjà dit : ils forment une race hybride, jolie plutôt que belle, où sont mélangés tous les sangs et toutes les nationalités. Par rapport à l'Arabe, ils manquent de caractère et de type. C'est un art en dégénérescence : les figures du Guide à côté des géants de Michel-Ange. Mais ils sont bien faits, élancés, et le riche costume algérien ajoute encore à leur élégance et à leur distinction natives. Ils portent la culotte de laine blanche, très ample, serrée aux genoux par des coulisses et faisant mille plis autour de la taille, deux ou trois gilets garnis de broderies d'or ou de larges bandes de soie, une veste de couleur claire, entr'ouverte sur la ceinture de laine rouge ou bleue, et des pantoufles de maroquin. Ils sont coiffés de la chéchia et rarement du turban.

Quant aux femmes que l'on rencontre parfois :

Vierges au sein d'ébène,
Belles comme de beaux soirs,

suivant l'invocation du poète, il est impossible de savoir ce qu'elles sont sous les hardes qui les enveloppent. On les a appelées des paquets de linge ambulants, et je dois dire que l'expression est juste. Sont-elles laides ou jolies, brunes ou blondes ?... Les maris et le diable seuls le savent. Pour moi, d'après des récits, je les croirais petites, brunes de peau et agréables de visage, et, quant au moral, rusées, égoïstes et bornées, ce qui est un peu le fond de la nature féminine, tant que l'instruction et les nécessités de la vie ne l'ont pas corrigée : or, ici, la femme végète dans l'ignorance la plus absolue et ne prend aucune part au monde extérieur.

Pour ce qui est de leurs habits, seuls des mannequins et quelques châsses italiennes en supportent un assortiment semblable. Sans parler des vêtements intimes déjà fort nombreux, il y a le large pantalon ou seroual dans lequel se rentre la chemise, le corsage en soie ou frimleh, la tunique courte dite rh'lilah retenue sous les seins par une foutâh de laine blanche. Un mouchoir leur cache le bas du visage; un foulard leur enveloppe la tête, et sur le tout, elles jettent encore un grand haïk de coton ou de gaze de laine. L'ensemble est informe, et quand, dans le haut de la vieille ville, ces masses passent avec des dodelinements de hanche, on dirait d'énormes canes blanches montant à une échelle. N'oublions pas enfin les bracelets, qui leur sonnent aux bras et aux jambes comme des sonnettes au cou d'une mule.

Ces femmes voilées avec soin traversant hâtivement une rue, voilà tout ce que l'on peut vraiment connaître de la vie intime de l'Oriental. Quelquefois pourtant, dans mes promenades solitaires, j'entendais une de ces portes à clous de cuivre s'ouvrir à demi. J'entrevoyais alors un vestibule oblong, lambrissé de carreaux bleus, le long duquel se dessinaient de vagues silhouettes de colonne de marbre. Au fond, dans une tache de clarté, une cour mauresque apparaissait, pavée de marbre avec un jet d'eau sur une vasque d'albâtre. Un homme, une femme, se glissaient en silence, pareils à des voleurs, et la porte retombait sans bruit comme mue par un ressort. Le rideau s'était refermé sur ce coin de l'Orient un instant entrevu.

S'il est vrai que chaque animal se fait une tanière appropriée à ses besoins, on peut dire que les villes d'Orient sont faites à l'exacte ressemblance de ceux qui les habitent. Aussi rien ne me paraît plus instructif qu'une promenade à travers le vieil Alger. Ce n'est pas seulement une architecture que l'on étudie, c'est une civilisation inconnue que l'on découvre. Elle est différente de la nôtre. De là, les critiques que nous lui prodiguons. Et pourtant, n'a-t-elle pas son droit à l'existence tout aussi bien qu'une autre?

Que reprochons-nous en réalité aux Arabes? Leur saleté : mais ils sont plus propres que nous, eux qui se lavent six fois par jour et qui ne veulent pas que nous entrions dans leurs mosquées avec nos chaussures, de crainte que nous ne salissions les dalles où ils appuient leur front. Leur fatalisme : mais ce fatalisme n'est-il pas, quand on y regarde de près, le plus éclatant hommage rendu à la puissance de Dieu? Leur immutabilité religieuse et sociale : mais cette immutabilité elle-même ne fait-elle pas leur force, puisqu'elle leur permet depuis dix siècles de tenir en échec toutes les forces de la chrétienté, toutes les conquêtes du progrès? Dès lors, pourquoi vouloir à tout prix changer leurs mœurs, leurs lois et les conceptions spéciales qu'ils se font de l'existence? Nos innovations sont-elles donc si merveilleuses et si fécondes?

Allez, pénétrez dans ces intérieurs clos; délivrez ces femmes qui ne sont pas faites pour vivre au grand air de la liberté. Arrachez, avec le positivisme moderne, la foi du cœur de ces croyants. Faites-en une race police et sans caractère, qui aura perdu ses vertus, mais, en revanche, aura pris tous vos vices. Renversez ces antiques maisons. Élevez à la place des tours de Babel à cinq étages ; construisez des magasins électriques; percez de larges boulevards, où les belles dégoutées, filles de la civilisation, pourront se promener sans crainte de salir le bas de leur robe! Seulement, la vieille terre d'Afrique pourra bien un jour se réveiller sous cet agrappement de fourmis et, d'un plissement de son écorce, disloquer vos palais de carton, habités par des polichinelles, et renvoyer le tout dans la grande mer silencieuse qui s'étale devant elle, aussi brillante qu'un miroir.

Alfred BARAUDON.

MUSICIENS ARABES.

www.ingramcontent.com/pod-product-compliance
Ingram Content Group UK Ltd.
Pitfield, Milton Keynes, MK11 3LW, UK
UKHW021033200726
13857UKWH00004B/1712

9 782013 07661